Thomas Bitterlich

Kulturtechnik Schreiben

Forschungsfelder der Theaterwissenschaft

GRIN Verlag

Bibliografische Information der Deutschen Nationalbibliothek:

Die Deutsche Bibliothek verzeichnet diese Publikation in der Deutschen National-
bibliografie; detaillierte bibliografische Daten sind im Internet über http://dnb.d-
nb.de/ abrufbar.

Impressum:

Copyright © 2010 GRIN Verlag, Open Publishing GmbH
Druck und Bindung: Books on Demand GmbH, Norderstedt Germany
ISBN: 978-3-656-32763-9

Dieses Buch bei GRIN:

http://www.grin.com/de/e-book/205706/kulturtechnik-schreiben

Kulturtechnik Schreiben
Forschungsfelder der Theaterwissenschaft

Thomas Bitterlich

Der folgende Text entstammt einer interdisziplinären Diskussion um den Begriff „**Medium**" an der Friedrich-Alexander-Universität Erlangen-Nürnberg, an der sich Nachwuchswissenschaftler verschiedener Fächer beteiligen. Ziel war zunächst eine Verständigung über die jeweiligen Perspektiven auf den Begriff „Medium" bzw. auf Medien allgemein. Diese Vorstellung wurde bald von der Erkenntnis korrigiert, dass ein Austausch eher über ein spezifisches Thema effektiver sein könnte, da nicht jedes Fach seine Erfahrungen und Ergebnisse in der Beschäftigung mit Medien in Bezug zu dem Begriff „Medium" setzt. Konkret haben wir uns für „**Kulturtechnik Schreiben**" als Thema entschieden, das wir aus unseren disziplinären Sichtweisen näher beleuchten wollen, mit dem Ziel, unsere Perspektiven zu schärfen und einen Gegenstand (medien-)wissenschaftlich zu betrachten, der bisher eher vernachlässigt wird.

Dieser Beitrag ist als Antwort auf die Frage nach dem Verhältnis der Theaterwissenschaft zur Kulturtechnik **Schreiben** zu verstehen. Dazu ist, meiner Ansicht nach, eine Bestandsaufnahme notwendig, weil eine allgemeine Aussage dazu kaum möglich sein wird. Die Theaterwissenschaft ist durch eine Vielzahl gleichberechtigter Ansätze gekennzeichnet, die sich nicht auf einen Nenner bringen lassen und demzufolge unterschiedliche Positionen zur Kulturtechnik **Schreiben** einnehmen. Der Überblick hier wird sich auf die Anwendungsmöglichkeiten der durch das Thema gesetzten Forschungsperspektive beschränken, da eine Analyse der verschiedenen Ansätze den Rahmen eines Beitrages überschreiten würde. Statt dessen steht die gegenstandsbezogene Vielfalt im Vordergrund. Die für Theaterwissenschaft möglichen Gegenstände sind derart differenziert, dass die wissenschaftliche Aufarbeitung unterschiedlich weit fortgeschritten ist. Diese Fortschritte werde ich im Hauptteil zu beschreiben versuchen.

Bevor ich meine Tour durch die Forschungsfelder beginne, möchte ich einen kursorischen Blick auf die Werkzeuge werfen, die zur Bearbeitung dieses Feldes zur Verfügung stehen. Eines dieser Werkzeuge ist der Begriff „**Kulturtechnik**". Jener wird seit einigen Jahren vermehrt in den Medienwissenschaften verwendet[1], um eine neue Perspektive auf Medien, ihre Rolle, ihre Funktion und ihre Bedeutung zu kennzeichnen. Einen Überblick über die Implikationen dieses Ansatzes bietet Bernhard Siegerts Darstellung des Forschungsgegenstands „**Kulturtechniken**" an der Bauhaus-Universität Weimar.[2] Dieser zufolge wird mit diesem Kompositum der Begriff „**Technik**" in das Verständnis von Kultur integriert. Etymologisch auf auf das lateinische Verb „colere" bezogen, welches u. a. zur Bezeichnung landwirtschaftlicher Bodenbearbeitung mittels Werkzeugen verwendet wird,[3] richtet sich dieser Ansatz gegen

---

1   Seit 2005 gibt es die Reihe „Kulturtechnik" im Werner Fink Verlag. Sie ist ein Resultat der Forschungen am Hermann von Helmholtz-Zentrum für Kulturtechnik der Humboldt-Universität.

2   URL: http://www.uni-weimar.de/medien/kulturtechniken/kultek.html [27.02.2010] nicht mehr online – T. B.

3   Die meisten Einträge in Bibliothekskatalogen zu diesem Stichwort folgen derzeit noch dieser Wortbedeutung im engeren Sinne, z. B. Bücher mit dem Titel „Kulturtechnik und Wasserwirtschaft – heute" oder „Strassenbau, Vermessungswesen und Kulturtechnik".

die bildungsbürgerliche, atechnisch begriffene „Hochkultur". Nationen oder andere gesellschaftliche Einheiten sind aus dieser Sicht nicht durch eine eigene Literatur, Musik oder Theater definiert und voneinander verschieden, sondern durch die Techniken, von denen sie Gebrauch machen, z. B. durch die ‚gepflegten' und erlaubten Schreibarten. Im Unterschied zum Begriff „materielle Kultur", der Summe aller von Menschenhand geschaffenen Dinge, stellt „Kulturtechnik" die dinggebundene Praxis in den Mittelpunkt der wissenschaftlichen Aufmerksamkeit. Bernhard Siegert will z. B. den Begriff für die Architekturtheorie fruchtbar machen und untersuchen, wie Räume Zeichenpraktiken beeinflussen, konkret: Wie prägen und konstituieren Großraumbüros Schreibprozesse?

Schließlich, neben der Schwerpunktverlagerung auf die historisch-kulturell spezifischen Medienpraktiken, lässt der Begriff **„Kulturtechnik"** die Antithese von Natur und Technik hinter sich.[4] Schreiben wird nicht als bloße Technik, sondern sowohl als Fähigkeit als auch als Fertigkeit, als natürliches Vermögen und als erlernbares Wissen betrachtet. Medien(techniken) sind aus dieser Perspektive selbstverständlich, stellen aber auch Selbstverständliches in Frage. Ihre Verwendung entscheidet, ob sie als Fundament oder Gefahr einer Kultur betrachtet werden.

Aus dieser Perspektive heraus soll die kulturelle Praxis des Schreibens betrachtet werden. Was „Schreiben" sein soll, ist, aufgrund der Selbstverständlichkeit der Tätigkeit, schwer zu bestimmen. Insbesondere die Abgrenzung von vergleichbaren Termini bereitet Probleme. Zur Gegenstandsbestimmung möchte ich nun Synonyme, Komplementär- und Gegenbegriffe klären.

Erstens tendiert man, wie im Fall von Theaterkritiken dazu, statt „beschreiben" das Verb „besprechen" zu verwenden. Hierbei handelt es sich um einen Reflex, der Schrift stets als „aufgeschriebene Sprache" versteht. Dieser Schriftbegriff schließe – so Gernot Grube und Werner Kogge – die Notenschrift oder das schriftliche Rechnen aus der wissenschaftlichen Betrachtung aus. Zudem werde die seit Lessing etablierte Trenung von Bild und Sprache unhinterfragt reproduziert und so die bildlichen Qualitäten der Schrift ignoriert. Außer Acht würden auch performative Gesichtspunkte gelassen, wie *unterstreichen, umschreiben, Randnotizen machen* etc.[5] „Schrift" und „Sprache" sind als verschiedene Begriffe zu betrachten. Es geht nicht darum, an die Stelle von „besprechen" konsequent das Wort „beschreiben" zu setzen. Im Unterschied dazu müsste bewusst gemacht werden, welche Qualität der **Theaterkritik** akzentuiert wird, wenn sie als „Besprechung" bezeichnet wird. Vergleichbar sind alle sprachphilosophischen Überlegungen daraufhin zu überprüfen, ob sie die Eigenständigkeit von Schrift berücksichtigen.

Zweitens wäre die Begriffskonstellation von **„Schrift"** und **„Sprache"** um den Begriff **„Schreiben"** zu ergänzen. Indem wir diese Tätigkeit als Kulturtechnik betrachten, wäre „Schreiben" als Prozess oder (standardisiertes) Verfahren zu verstehen, an deren Ende „Schrift" als Resultat steht. Kurz: Mittels Schreiben wird Schrift produziert. Angesichts des vorgeschlagenen Schriftbegriffs bedeutet das eine Erweiterung des Gegenstandsbereiches, weil damit auch die Herstellung von Partituren, Lochkarten etc. in den Blick genommen werden kann. Weiterhin ist nach den Bedingungen der Möglichkeit von Schrift zu fragen, wie ich es bei meiner Tour durch die verschiedenen Forschungsfelder tun werde. Wie ist das Verhältnis von Schriftlichkeit und Oralität in einer Kultur? Welche Funktionen hat das Schrei-

---

4　Blumenberg, Hans: „Lebenswelt und Technisierung unter Aspekten der Phänomenologie". In: Ders.: *Wirklichkeiten in denen wir leben.* Stuttgart 1981, S. 19 f.

5　Grube, Gernot; Kogge, Werner: „Was ist Schrift?". In: *Schrift: Kulturtechnik zwischen Augen, Hand und Maschine.* München 2005, S. 9 f.

ben? Wie wird es gelehrt und angewendet? Gibt es gesellschaftliche, politische oder wirtschaftliche Beschränkungen oder Förderungen des Schreibens?

Dementsprechend wäre, **drittens**, das Verhältnis von „Schreiben" und „Drucken" zu bestimmen. „**Drucken**" könnte als Schreibart verstanden werden, als gesellschaftliche Tätigkeit, mit der Druckschrift hergestellt wird. Dadurch wäre es legitim, „Drucken" unter der hier diskutierten Forschungsperspektive zu untersuchen, ohne jedoch die medialen Eigenheiten zu vernachlässigen. Druckmaschinen, Druckverfahren, der Beruf des Druckers, das Verlagswesen wären ebenso zu berücksichtigen wie das Verhältnis von Handschrift (Manuskript) und Druck.

Viertens ist „Schreiben" von allen Tätigkeiten zu unterscheiden, bei denen keine Schrift als Endprodukt entsteht oder beabsichtigt ist. „Gekritzeltes" fällt damit nicht automatisch aus dem Blickwinkel, sondern kann als Schrift des Unbewussten oder als ,unvollkommenes' Schreiben untersucht werden. Wo dieser Schriftbezug fehlt, wie beim *Kartographieren, Skizzieren* oder *Malen*, wäre eine Differenz zu setzen und neben den Gemeinsamkeiten auch die Unterschiede zu betonen. Dabei sollte die Bestimmung der Eigenart des Schreibens im Vordergrund stehen, einkalkulierend, dass nach einem *scribal turn*, noch andere folgen werden.

Diese Überlegungen sind als einführende Problematisierung zu verstehen, die im Folgenden durch einen Überblick ergänzt werden. Ich möchte die verschiedenen Forschungsfelder beschreiben, die sich meines Erachtens aus der Betrachtung des Schreibens als Kulturtechnik für die Theaterwissenschaft ergeben. Erst dann lässt sich etwas über die besondere Perspektive meiner Disziplin auf den Gegenstand und über das Potential sowie die Aktualität dieses Ansatzes sagen.

Schreiben auf dem Theater

Naheliegend ist es, die Darstellungen von Schreibvorgängen auf der Bühne resp. in verschiedenen Theaterformen zu untersuchen. Die Kulturgeschichte würde sich dann für die Austauschprozesse zwischen Bühne und Publikum interessieren.[6] Wie wird in den verschiedenen Kulturen Schreiben dargestellt? Welche Funktion haben diese Repräsentationen und wie verändern sie sich? Aus den Antworten auf diese Fragen ergeben sich dann Rückschlüsse auf die jeweilige Kultur. Welchen Wert misst sie dem Schreiben bei? In welchem Verhältnis steht diese Kulturtechnik zu anderen Kulturtechniken (in Selbstreflexionen des Theaters insbesondere zur Schauspieltechnik)?

Enger auf Theater bezogen, könnte man Schreiben als Konvention oder Code untersuchen. Ich denke dabei an den **Brief als Theatercoup**. In einer Reihe von Theaterstücken bewirkt ein beschriebenes Papier einen Wendepunkt, z. B. in Denis Diderots „Der natürliche Sohn" In diesem Stück nehmen Briefe an mehreren Stellen Einfluss auf das Geschehen. Ich beschränke mich auf eine Szene.[7] Der tugendhafte Dorval, Freund des jungen Clairville, hat sich in dessen Verlobte Rosalia verliebt, die seine Liebe erwidert. Hin- und hergerissen zwischen Vernunft und Gefühl hält er das schriftliche Geständnis

---

6 Peters, Susanne. *Briefe im Theater: Erscheinungsformen und Funktionswandel schriftlicher Kommunikation im englischen Drama der Shakespeare-Zeit bis zur Gegenwart*. Heidelberg 2003, S. 16.

7 Ich beziehe mich im Folgenden auf die Ausgabe und Übersetzung in: *Das Theater des Herrn Diderot*. Lessing, Gotthold Ephraim (Hg., Übers.). Leipzig 1981, S. 55 ff.

ihrer Zuneigung und ihren Willen, sich das Leben zu nehmen, in den Händen. Emotional erregt, bewegt er sich, so die Regieanweisung, zum Tisch, um mit Not einige Zeilen zu schreiben. Er wird unterbrochen und lässt den halbfertigen Brief liegen. Theresia, die ebenfalls Gefühle für Dorval hegt, liest den Brief und bezieht den Inhalt auf sich. Zwei Aspekte dieser Szene möchte ich herausgreifen. Schreiben ist, erstens, für die Figur „Dorval" ein Mittel, ihre Emotionen zu formulieren, die sie ansonsten zu kontrollieren und zu verbergen sucht. Aus Sicht der Rhetorik eignet sich der Brief wie kein anderes Mittel für diese Funktion. Er zählt zu den Gattungen des niederen Stils, der für alltägliche und private Mitteilungen geeigneter sein soll, als der hohe Stil, welcher bei politischen Veranstaltungen verwendet wird. Er erlaubt, die öffentliche Selbstrepräsentation zu unterlaufen, weil er, der Konvention entsprechend, als Dialog unter Freunden verstanden wird. Für Susanne Peters wird der Brief hier im Theater als Brief gezeigt und eine bestimmte Einstellung zur Gattung reproduziert.[8] Für die Medienwissenschaft problematisiert diese Szene, zweitens, ein wichtiges Merkmal von Schrift, ihre dauerhafte Wahrnehmbarkeit. Das Geschriebene kann von der Produktionssituation gelöst und in andere Kontexte übertragen werden, eine Tatsache, die hier zur Potenzierung des Konflikts genutzt wird. Dass die Zeilen nicht für sie bestimmt sind, kann Theresia nicht wissen. Ebenso kann Dorval nicht verhindern, dass Theresia sie auf sich bezieht. Einmal niedergeschrieben, ist die Referenz der Schrift von jedem Leser neu zu konstruieren. In dieser Hinsicht könnte der Brief als Zeichen für den emotionalen Zustand von Dorval gelesen werden, der in diesem Moment mit dem beschriebenen Papier auch die Kontrolle der Situation aus der Hand gibt. Insofern bestätigt die Szene die rhetorische Konvention, aber hinterfragt sie mit dem Verweis auf ihre mediale Grundlage. In seiner Nachbetrachtung[9] des Modellstücks stellt Diderot die referentielle Unbestimmtheit des Briefs als bewusst einkalkulierte Eigenschaft dar. Der falschverstandene Brief habe Dorval dazu gedient, sein ‚Gesicht zu wahren'. Dadurch sei es Jenem möglich gewesen, die Freundschaft mit Clairville zu achten und seine Gefühle für Rosalia zu leugnen. Inwiefern diese Interpretation berechtigt ist, muss an anderer Stelle geklärt werden. Tatsache ist, dass der „Natürliche Sohn" Schrift aus verschiedenen Perspektiven heraus betrachtet. Der Brief wird hier weniger als Textgattung wahrgenommen, sondern als Fallbeispiel für das Verhältnis von mündlicher Kommunikation und Schrift.[10]

Wird dieses Verhältnis vorwiegend betrachtet und auf theatrale Aufführungen bezogen, steht die Performativität des Schreibens im Vordergrund. Es geht dann weniger um die Funktion des Schreibens für die Handlung oder um die in der Darstellung implizierten Bedeutungen. Der Brief bzw. jegliche schriftliche Mitteilung muss in eine theatrale Präsentation umgesetzt werden – z. B. in mündliche Rede[11] –, wenn Sie auf dem Theater als solche erkennbar sein soll. Ein bekanntes Beispiel für Schreiben als

---

8 Peters, Susanne (2003), S. 34.

9 *Das Theater des Herrn Diderot* (1981), S. 109 f.

10 Peters, Susanne (2003), S. 34.

11 Susanne Peters betrachtet diesen Sachverhalt etwas zu einseitig, wenn sie das Theater ausschließlich der mündlichen Kommunikation zuordnet. So schreibt sie bspw., dass der Brief durch seine graphischen Zeichen vorwiegend die Sehsinne anspreche, während Theater sich mehr an das Ohr richte. Gerade das von ihr untersuchte Shakespeare-Theater musste sich gegen die Vorwürfe verteidigen, dass es die Augen verführen würde und durch das Zeigen von Lastern dieselben verbreite. Bedenkenswert erscheint mir aber der Gedanke, dass bei der Präsentation von Schreiben und Geschriebenen verschiedene Sinne – sowohl Seh- als auch Hörsinne (vielleicht auch Tastsinne?) – angesprochen werden.

performative Handlung lässt sich in einer Textvorlage finden, die häufig an Stadttheatern inszeniert wird. Ich denke an den Monolog aus Faust I, der mit den Worten: „Geschrieben steht, am Anfang war das Wort!" beginnt. In dieser Textpassage wird vorgeführt, wie Faust einen Teil der Bibel übersetzt. Die Figur geht verschiedene Varianten durch, wobei sie die vorgehende jeweils verwirft und durch eine neue ersetzt. Diese Handlung kann unterschiedlich dargestellt werden. In der Inszenierung von Peter Stein (Hannover, Berlin, Wien 2000, DVD-Fernsehfassung. ZDF. 2006) zögert der Schauspieler Bruno Ganz vor dem Niederschreiben. Kaum glaubt er die richtige Übersetzungsvariante gefunden zu haben, wendet er sich vom Buch ab, weil er unsicher geworden ist, ob seine Interpretation die Richtige ist. Dass Faust nicht in der Lage ist etwas zu schreiben, verdeutlicht hier, m. E., seine Rastlosigkeit. Es ist ihm unmöglich, seine Interpretation auf Papier festzuhalten. Bei „ … es sollte stehen am Anfang war die Kraft", greift er bereits zur Schreibfeder, stoppt aber vor dem Aufsetzen und steckt die Feder wieder zurück. Der Textsinn verstärkt den Konflikt, der sich im wiederholten Hin und Her manifestiert. Faust ist damit unzufrieden, dass am Beginn der Schöpfung das Wort stehen sollte, dass es einen festgeschriebenen Plan gegeben hätte, nachdem sich alles entwickelt habe. Seine Übersetzungsarbeit endet mit dem Satz: „Am Anfang war die Tat!". Die Schrift nimmt hier die Stelle des Unflexiblen und Unveränderlichen ein, gegen die der tatkräftige und -süchtige Faust aufbegehrt. Schrift und Performativität werden in eine Opposition zueinander gestellt.

All diese Perspektiven würde ich in einem Forschungsfeld zusammenfassen, welches die Einstellungen von Theater(kulturen) gegenüber Schreibvorgängen – wie sie sich in Aufführungen manifestieren – bündelt. „Schreiben" wird dabei als etwas Gegebenes im Hinblick auf seine Aneignung und Präsentation in Theateraufführungen untersucht.

Schreiben fürs Theater

Eine zweite Möglichkeit wäre, Schreiben als technische Voraussetzung von Theater in vielerlei Hinsicht zu betrachten.

Für den Gegenstand „Schrift" hat der Medienwissenschaftler Derrick De Kerckhove bereits eine derartige Perspektive entwickelt, die hier näher betrachtet werden soll, weil sie mit Sicherheit aufkommende Diskussionen um die Betrachtung des Schreibens als Kulturtechnik prägen wird. In seinem Buch *Schriftgeburten* vertritt er die These, dass die Erfindung der alphabetischen Schrift eine „strukturelle Revolution" bewirkt habe, die „die spezifisch abendländische Art und Weise des Zur-Welt-Seins und des Denkens" geprägt habe.[12] Innerhalb dieses Prozesses habe Theater die „kognitiven, emotionalen und sensorischen Auswirkungen des Alphabets" verstärkt und insbesondere die Verbreitung und Einübung individueller Psychologie gefördert. Im Einzelnen habe Theater die Unterscheidung von realen und symbolischen Handlungsweisen, neue Formen der Aufmerksamkeit und Konzentration gelehrt sowie eine andere Verwendung des Gedächtnisses ermöglicht – unabhängig von der individuellen Lese- und Schreibfertigkeit.[13] De Kerckhove stützt seine These auf die überlieferten, geschriebenen Spieltex-

---

12 Kerckhove, Derrick de: *Schriftgeburten: vom Alphabet zum Computer.* Martina Leeker (Übers.). München 1995, S. 10.

13 Ebenda, S. 72.

te. Für ihn sind sie die Grundlage der damaligen Aufführungen. Das Aufschreiben hätte eine Herauslösung des beschriebenen Geschehens aus dem ursprünglichen Kontext und eine Isolierung des Sinns bewirkt.[14] Dadurch sei es dem griechischen Theater möglich gewesen, das Sehen gegenüber den anderen Sinnen zu privilegieren. Diese Thesen setzten ein Bild des griechischen Theaters voraus, das aus Sicht des Faches in vielerlei Hinsicht korrekturbedürftig ist. Die dem Theater unterstellte Visualität zum Beispiel marginalisiert dessen Musikalität und Rhythmik. De Kerckhove Thesen ignorieren die Tatsache – wenn tatsächlich von einer Textzentriertheit des griechischen Theaters gesprochen werden kann –, dass diese Texte aufgeführt wurden. Für ihn ist Theater ein „veräußerter Roman".[15] Eine derartige Sichtweise stellt die Autonomie von Theater in Frage und berührt damit ein Grundproblem der Theaterwissenschaft. Kurz vor ihrer Gründung als Universitätsdisziplin durch Max Herrmann wurde Theater, so Theo Girshausen in seinem Beitrag zur Fachgeschichte,[16] am Ende des 19. Jahrhunderts von Germanisten wie Erich Schmidt untersucht. Jener habe Theater wie Literatur analysiert und es als Abbild der umgebenden Sitte betrachtet. Das Eigene des Theaters blieb dabei außen vor, auch in der Gesellschaft dieser Zeit galt Theater lediglich als Vollendung des geschriebenen Dramas. Gegenüber dieser Sichtweise musste sich die junge Theaterwissenschaft behaupten und durchsetzen, ein Konflikt, der bis heute noch andauert, weil eine recht große Zahl von Theaterwissenschaftlern, wie Erika Fischer-Lichte, Hans Thies-Lehmann oder Gabriele Brandstetter, aus der Philologie kommen und die wichtigsten theoretische Impulse der letzten Jahrzehnte, z. B. Semiotik und Performativität, zuvor auch in den Sprachwissenschaften diskutiert wurden. So scheint sich die Beschäftigung mit Schrift und Schreiben von vornherein zu verbieten, um nicht in Verdacht zu geraten, Philologie bloß unter anderem Namen zu betreiben. Es ist wenig sinnvoll diesem Reflex zu folgen. Die Ablehnung gegenüber dem Schreiben ist ein blinder Fleck, der den Zugang zu bestimmten Aspekten von Theater verdeckt. Vielleicht sollte die Frage nach dem grundsätzlichen Abhängigkeitsverhältnis von Schreiben und Theater eher mit Jack Goody und Ian Watts gestellt werden. Für die westeuropäischen Gesellschaften haben er und Ian Watt überzeugend argumentiert, dass diese immer noch durch Konflikte zwischen oralen und schriftlichen Traditionen geprägt sind.[17] Anstelle eines Entweder-Oder wäre ein historisch vielgestaltiges „und" zu setzen, d. h. nach der spezifischen Konstellation von Oralität und Schriftlichkeit im Theater einer spezifischen Kultur zu fragen. Dann ließe sich, wie es bereits getan wird[18], die Nähe oder Ferne einer Form zur einen oder anderen Seite feststellen.

14　Ebenda, S. 74.

15　Ebenda, S. 82, In dem Kapitel deutet vieles darauf hin, dass de Kerckhove Literaturtheater, wie es im 19. Jahrhundert entstand und er in der Entstehungszeit des Buches beobachten konnte, zurückprojiziert. Er sieht darin kein Problem, weil der in Griechenland stattgefundene kulturelle Wandel eine Struktur schaffte, die bis heute Bestand habe.

16　Girshausen, Theo: „Zur Geschichte des Fachs". In: *Theaterwissenschaft heute: Eine Einführung.* Möhrmann, Renate (Hg.). Berlin 1990, S. 22 ff.

17　Goody, Jack; Watt, Ian. „Konsequenzen der Literalität". In: Goody, Jack; Watt, Ian; Gough, Kathleen: *Entstehung und Folgen der Schriftkultur.* Herborth, Friedhelm (Übers.). Frankfurt/Main 1986, S. 109.

18　Tietz, Manfred. „Subliterarische Formen im spanischen Theater von Ramon del Valle-Inclán, Frederico Garciá Lorca und bei den Novísimos". In: *Unvonventional Conventions in Theatre Texts.* Ahrends, Gunter; Diller, Hans-Jürgen (Hg.). Tübingen 1990, S. 139–160.

Im engeren Sinne, eingeschränkt auf die Zeit vom 19. bis zum 21. Jahrhundert, könnte man „Schreiben" als Voraussetzung von Regie(-arbeit) untersuchen. Das Ergebnis, die Inszenierung, ist auf Schreiben, sowohl bei der Herstellung, als auch um ihre Wiederholbarkeit zu gewährleisten, angewiesen.[19] Bei diesem Thema würde man Neuland betreten, weil die grundsätzliche Bedeutung der Kulturtechnik bisher nur selten reflektiert wurde. **Zum einen** beträfe es die Arbeit des Regisseurs mit der Textvorlage. Jean Copeau beschreibt 1936 die Inszenierung als Mittel, um einen ‚schriftlichen Text aus der geistigen Existenz in ein Theaterdasein zu überführen'.[20] Der Regisseur:

> *... erhält das Manuskript eines Autors. Bereits während der ersten Lektüre beginnen sich die leblosen Blätter in seiner Hand mit Leben zu füllen. Schon entziehen sich die Figuren dem Reich der Schrift. Die Worte gewinnen Lebendigkeit.*[21]

Dagegen wäre die Bedeutung des Schreibens hervorzuheben, auch wenn es zuerst nur imaginationsunterstützende Funktionen – z. B. in Form von Notizen – haben sollte. Oft entsteht bei der Arbeit mit der Vorlage ein eigener Text, welcher sich im Regiebuch manifestiert und durch Streichungen, Randnotizen und Ergänzungen entsteht. Diese Form der Textbearbeitung (des Umschreibens) gilt es zu untersuchen, auch wenn dazu bereits einige Forschungsarbeiten vorliegen. Jene sind oft biographisch, auf einen einzelnen Regisseur oder eine bestimmte Aufführung ausgerichtet.[22] Ihnen fehlt die Reflexion auf die Bedeutung des Schreibens als Mittel der Textanalyse und -produktion. Dabei sind auch historische Dimensionen einzubeziehen. Jean Copeau formuliert nur eine mögliche Position über das Verhältnis des Regisseurs zu Schreibvorgängen bzw. in erster Linie zur niedergeschriebenen Textvorlage. Der Regisseur kann sich als Diener des Autors begreifen, der das dramatische Werk bloß zur Anschauung bringt. Wie Peter Stein bei seinem Jahrtausendprojekt „Faust" sieht er sich vielleicht als einziger Interpret, der den Autor richtig verstanden habe und nun erstmals werkgetreu inszeniere. Jean Copeau wiederum versteht den Regisseur noch als Assistenten des Autors, der jenem bei der szenischen Realisation unter die Arme greife, während heute dem Regietheater oft vorgeworfen wird, dass es den Autor völlig ignoriere und der Regisseur, diese Stellung oft für sich selbst beanspruche.

Zum anderen wäre zu erforschen, wie die Inszenierung zum Zweck der Reproduktion schriftlich fixiert wird. Nicht nur der Regisseur, auch andere Mitglieder des Ensembles, Regieassistenten, Schauspieler und Techniker machen sich Notizen. Hier wäre eine empirische Untersuchung der einzelnen Gruppen notwendig, weil wir zu wenig darüber wissen. Welche Notizen macht sich ein Beleuchter? Wie geht er damit um? Wie wird diese Technik an Berufsanfänger weiter gegeben? Jede Gruppe hat, so meine Vermutung, eine eigene Notationsschrift, die durch eine spezifische Sicht auf Theater geprägt ist. Patrice Pavis spricht diesbezüglich vom „Metatext der Inszenierung"[23], obwohl er mehrfach betont, dass es sich nicht um einen schriftlich fixierten Text handle. Es sei jedenfalls nicht so, dass der Regisseur einen

---

19 Seit ca. 30 Jahren dürfte Schreiben durch die Verbreitung von AV-Technik erheblich an Bedeutung verloren haben.

20 Copeau, Jean: „Die Inszenierung". In: *Texte zur Theorie des Theaters*. Balme, Christopher; Lazarowicz, Klaus (Hg.). Stuttgart 1991, S. 341.

21 Ebenda, S. 342.

22 Passow, Wilfried: *Max Reinhardts Regiebuch zu Faust 1*. München 1971.

23 Pavis, Patrice. „Der Metatext der Inszenierung". In: *Texte zur Theorie des Theaters*. Christopher Balme, Klaus Lazarowicz (Hg.). Stuttgart 1991.

Text schreibe, den er dann den Schauspielern zur Lektüre weiterreiche.[24] Unter „Schreiben" muss man sich jedoch nicht eine fortlaufende, in sich geschlossene Bewegung vorstellen. Der Metatext der Inszenierung wäre eher als Bündel von Notizen und Einschreibungen zu verstehen, die Schritt für Schritt entwickelt, evaluiert und in ein Verhältnis zueinander gebracht werden. Durch den Vergleich der verschiedenen Schriften ließe sich vielleicht auch etwas über die Möglichkeit von Zusammenarbeit bei einer Aufführung lernen, oder eine Prognose treffen über die Aussicht, eine Inszenierung erfolgreich zu wiederholen. Seine endgültige Form und Bedeutung, so beschreibt Pavis einen anderen Aspekt der Inszenierung, erhalte der Metatext durch den Zuschauer. Die Aufführung kann als Schreibprozess betrachtet werden. Dem Zuschauer würden sukzessive Schlüssel in die Hand gegeben, mit denen er sich den Metatext erschließen könne.[25] Schreiben und Lesen gehen hier ineinander über. Genauer gesagt sind es mehrere Schreibarten, die sich zur Lektüre dem Publikum anbieten; Pavis unterscheidet zwischen Autor- und Regietext, zu ergänzen wären Schauspieler-, Licht-, Hörtexte etc. Es müsste geprüft werden, ob die Konzeptualisierung der Aufführung als Schreibprozess neue/andere Antworten auf dramaturgische und ästhetische Fragen ermöglicht.[26] Auch wenn praktische Fragen nur selten im Zentrum der Aufmerksamkeit von Theaterwissenschaftlern stehen, stellt die schriftlich fixierte Inszenierung ein theaterwissenschaftliches Grundproblem dar. Obwohl jede Aufführung einmalig ist und von Zuschauern verschieden erlebt wird, strebt der Theaterbetrieb nach Wiederholbarkeit und Planung des Ereignisses. Dieser Tendenz sollte mehr Aufmerksamkeit geschenkt werden. Der einseitige Fokus auf das Transitorische, Flüchtige von Theater wäre durch eine Würdigung der notwendigen Wiederholbarkeit zu korrigieren.

Des Weiteren bietet sich an, Schreiben in Dokumentationsverfahren zu hinterfragen, die von Dramaturgen oder Regieassistenten angewendet werden (ausgeschlossen ist die spezielle Form der Inszenierungsdokumentation, die an der Akademie der Künste (Berlin) praktiziert wird und in das dritte Forschungsfeld fällt). Die Besonderheit dieses Schreibens ließe sich an Bertolt Brechts Verständnis von Modellen studieren. Zusammen mit seinen Mitarbeitern dokumentierte er seine Inszenierung der „Mutter Courage" mittels Photos und Texten, die das Bildmaterial erläutern oder Details der Inszenierung beschreiben. Ihm ging es u. a. um den Erhalt von speziellen Wirkungen und die Bewahrung der gesellschaftlichen Funktion seiner in Szene gesetzten Erzählung.[27] Das Brecht'sche „Modellbuch" war für Regisseure, Schauspieler und Bühnenbildner zum Kopieren des einstmals gefundenen Arrangements bestimmt. Brecht wollte jedoch keine sklavische Nachahmung seiner „theatralischen Ausformung" erreichen. Für ihn stand die „Übernahme von Errungenschaften" und die „Sicherung von Standards" im Vordergrund.[28] Als Ausgangspunkt für die Probenarbeit vermittelt die schriftliche Dokumentation ein ‚Vorbild', das nachgeahmt werden soll, aber auch verbessert werden kann. Für Brecht besteht die Funktion von Theater in der Beeinflussung der (gesellschaftlichen) Wirklichkeit. Demnach wäre es die Auf-

---

24 Ebenda, S. 351.

25 Ebenda, S. 352.

26 Dieser Aspekt blieb bisher unbeachtet. Selbst die gegenwärtige Schrifttheorie, von der Theaterwissenschaft ganz zu schweigen, grenzt Gesten und Körperbewegungen aus dem Schriftbegriff aus. Vgl. Grube, Gernot; Kogge, Werner: „Was ist Schrift?". In: *Schrift: Kulturtechnik zwischen Augen, Hand und Maschine*. München 2005, S. 14.

27 Brecht, Bertolt: *Gesammelte Werke: Schriften zum Theater 2, Band 16*. Frankfurt/Main 1975, S. 712.

28 Ebenda, S. 713.

gabe der Verbesserungen die „Einflussnahmen" zu präzisieren und insgesamt kunstvoller und phantastischer zu gestalten.[29] Von der bereits angeführten Schreibarbeit eines jeden Regisseurs unterscheidet sich dieses Verfahren durch seine wissenschaftliche Herangehensweise und das Ziel, anhand der Dokumentation Regiearbeit zu standardisieren und kontinuierlich zu verbessern.

„Schreiben" ist noch in anderer Hinsicht für die Theaterarbeit eine derzeit anscheinend missachtete Voraussetzung. Die trotz Performance- und Medienkunst in Deutschland dominierende Theaterform des Stadt- und Repertoiretheaters ist auf Geschriebenes (Spielvorlagen) angewiesen. Hier wäre zu fragen, welche Texte ausgewählt wurden und wie sie geschrieben sind? Auch in diesem Abschnitt des Forschungsfeldes wäre eine gewisse Ignoranz oder sogar Feindschaft der Theaterwissenschaft gegenüber der Schrift zu überwinden. Es hieße ein Thema ernst zu nehmen, das in Theaterzeitschriften seit mehreren Jahren diskutiert wird: Wie geht das Stadttheater mit Gegenwartsautoren um? Dem Protest der Autoren nach ist die Lage bedenklich. Eine spezifische Schreibtechnik für ‚Dramen' – selbst wenn sie gelehrt[30] und in Büchern beschrieben wird[31] – existiert, so die Kritiker, praktisch nicht. Es gäbe keinen Bedarf nach professionellen Theaterautoren. Hier einige Auszüge einer Debatte der 1990er, die bis heute fortdauert[32]: Im Theater würden Gegenwartsstücke kaum gespielt. Regisseure würden sich lieber über die Inszenierung von Klassikern profilieren. Komme es zu einer Uraufführung, folgten kaum Nachinszenierungen. Zudem könne man die wenigen Glücklichen, die zur Inszenierung vorgesehen werden, an den Händen abzählen. Im Verlagswesen sähe die Situation nicht viel anders aus. In den meisten Verlagsprogrammen läge der Anteil von Gegenwartsautoren unter 50 %. Die Verlage erhielten pro Monat durchschnittlich 25 unverlangt eingesandte Manuskripte. Davon würden höchstens vier Prozent, also vielleicht eins verlegt. Ist dieses Ziel erreicht, dauere es oft bis zur Premiere zu lang, fast 18 Monate, so dass der Text enorm an Gegenwartsbezug einbüße. Die Folge dieser Verhältnisse zwischen Autoren, Verlagen und Theatern sei die finanzielle Unsicherheit der Autoren und ein, glaubt man den Befürwortern, verantwortungsloser Umgang mit Textvorlagen, der auch das Ansehen und die Stellung von Theater in der Gesellschaft beeinträchtige. An dieser Debatte ist vieles zu diskutieren. Man könnte ihre Entwicklung oder ihr Alter erforschen sowie die wichtigsten Postionen herausarbeiten und diese kontextualisieren, indem sie bspw. ins Verhältnis zur Diskussion um das Regietheater und zum Begriff „Werktreue" gesetzt werden. Es ließe sich grundsätzlich die Frage nach der Notwendigkeit einer Theaterschreibkultur stellen. Welche Risiken birgt die Zufälligkeit, mit der Texte entstehen, tatsächlich? Braucht das Stadttheater überhaupt neue Texte? Wie war das Verhältnis von Theater und Autoren in anderen Zeiten? Was heißt es eigentlich, für das Theater zu schreiben? Welche besonderen Merkmale hat ein derartiges Schreiben?

Die letzte Frage leitet zu einem anderen Aspekt dieses Forschungsfeldes über, der die Rückwirkung von Theater auf Schreiben und Geschriebenes betrifft. Ein Beispiel: Zu den Schreibweisen Heiner Müllers liegt ein breit gefächerter Sammelband[33] vor. Müller habe

---

29 Ebenda, S. 716.

30 Vgl. Seminare mit dem Titel „Dramatisches Schreiben"

31 Hall, Roger A. *Mein erstes Stück*. Andreas Betten (Übers.). Frankfurt/Main 2000; Bahr, Robert. *Spannender Schreiben: Dramentechnik für Prosatechnik*. Hans J. Becker (Übers.). Frankfurt/Main 2001.

32 *Erster Kongress der Theaterautoren*. Macher, Josef; Storch, Wolfgang (Red.). Berlin 1993, S. 11 ff.

33 *Theatrographie: Heiner Müllers Theater der Schrift*. Heeg, Günther; Girshausen, Theo (Hg.). Berlin 2009.

... oft über Jahre hinweg, Textpassagen, intertextuelle Bezüge, intermediale Verweise und Kommentare gleichsam wie ein Theaterregisseur in szenisch-graphischen Textlandschaften in Konstellationen anordnet, die er immer wieder ändert und neu montiert.[34]

Durch die Schwerpunktverlagerung auf die Performativität des Schreibens wird der Werkcharakter der Texte in Frage gestellt, wodurch die Editionsarbeit und die Exegese vor neuen Herausforderungen steht. Welche Kombination und Konstellation von Schriftzeichen (auch Druck- und Maschinenschrift, Schriftbilder und -skizzen) ist als endgültige ‚Textfassung' anzusehen? Lässt sich bei diesem Schrifttheater – eine Schrift, die wie Theater funktioniert – überhaupt Abgeschlossenheit unterstellen? Welche Editionsform wird diesem Schrifttheater gerecht? Ist, so die ganz pragmatische Frage, die Werkausgabe des Suhrkamp-Verlages dem Theaterautor Heiner Müller wirklich angemessen, der so als ein gewöhnlicher Schriftsteller behandelt wird? Müsste man sich nicht viel eher an der Faksimile-Ausgabe der Franz-Kafka-Texte des Stroemfeld-Verlages orientieren?[35]

Schreiben über Theater

Mann kann die Dokumentation von Theaterereignissen auch als Teil eines anderen Forschungsfeldes betrachten. Wenn die schriftliche Fixierung der Regiearbeit nicht der belehrenden Vermittlung oder wissenschaftlichen Aufarbeitung, sondern vielmehr der allgemeinen Information über das Ereignis dient, gehört sie zu den Schriften, die von einem externen Blick auf Theater geprägt sind.

Für die **Dokumentation zu Archiv- und Museumszwecken** fungiert Schreiben *zum einen* als Verfahren, mit dem Informationen über Aufführungen, die Organisation von Theater oder zu dessen Rezeption aufbewahrt und an Dritte überliefert werden. Es kann sich um verschiedene Schriftstücke handeln: Briefe, Notizen, Protokolle, Manuskripte etc. Eine wissenschaftliche Betrachtung dieser Schreibvorgänge wäre der historischen Quellenkritik vergleichbar, weil danach gefragt wird, wie das Geschriebene unser Bild von Theater prägt. *Zum anderen* wäre Schreiben als Teil der Archivarbeit zu reflektieren. Durch das Erstellen und Führen von Akten, Katalogen, Registern und Findbüchern ermöglichen Archivare einen Überblick über Dokumente und regulieren den Zugang zu ihnen. Sie beurteilen und begutachten Schriftstücke und entscheiden, ob sie angekauft oder vernichtet werden. Schreiben hat hier eine ordnende Funktion. Die Arbeit der Archivare gerät derzeit im Diskurs über Performancekunst stärker in den Fokus der Theaterwissenschaft.[36] Dahinter steht die Erkenntnis, dass unser Bild von der Vergangenheit der Theaterformen davon geprägt ist, was aufbewahrt wird und wie. Es macht einen Un-

---

34 Heeg, Günther. „Heiner Müller – ein Autor zu entdecken". In: Ebenda, S. 13.

35 Zur Edition vgl. PDF-Download: „Die Franz Kafka-Ausgabe (FKA) bietet erstmals das gesamte überlieferte Korpus in authentischer Form. In Orthographie, Zeichensetzung, Semantik und Syntax folgt die FKA strikt der Überlieferung. Sämtliche Handschriften und Typoskripte Franz Kafkas werden in Faksimiles wiedergegeben, wobei die Handschriften mit einer typographischen, zeichen-, zeilen- und seitengetreuen Umschrift versehen sind." URL: http://www.stroemfeld.de/de/editionen_0_5_1/ [27.11.2012]

36 Roms, Heike: „Ereignis und Evidenz". In: *MAP - Media | Archive | Performance: #2 Decision and Appearance*. Büscher, Barbara; Cramer, Franz Anton (Hg.). URL: http://www.perfomap.de/map2/geschichte/roms [26.11.2012]

terschied, ob von einer Performance nur ein Photo existiert oder hunderte. Je weniger bspw. vorhanden ist, umso weniger Fragen lassen sich an das Material stellen oder damit beantworten. Ein anderes Problem: Einige Quellen der Theatergeschichte sind davon geprägt, dass bestimmte Theaterformen für ‚schmutzig‘ und ‚obszön‘ gehalten wurden. Aufgrund dieser Einstellung hielt man Theater nicht für wertvoll genug, um darüber zu schreiben oder teilte über Jahrhunderte hinweg nur die bereits von den Kirchenvätern erhobenen Vorwürfe mit. Die Dokumentation von Theater ist also davon abhängig, wie Schreiben als Fertigkeit in der Gesellschaft verbreitet ist und wie sich die einzelnen Theaterformen zur Schriftkultur verhalten und vice versa.

Von der Dokumentation des Theaters würde ich zwei weitere Bereiche unterscheiden, die eine professionelle Art und Weise der Beobachtung und Beschreibung von Theater ausgebildet haben, die sich in einer eigenen Schreibart manifestiert: Theaterkritik und Theaterwissenschaft.

Als Blütezeit der journalistischen **Theaterkritik** in Deutschland kann die Weimarer Republik gelten[37], eine Zeit in der sie von vielen Zeitungen gepflegt wurde, ein hohes, allgemeines Interesse am Theater und der Theaterentwicklung existierte und in der die Beschreibung von Schauspielern und Regisseuren im Vordergrund stand. Man kann sich diesem Phänomen historisch zuwenden. Warum wird in den 1920ern mehr über die Inszenierung und heute wieder mehr über die Spielvorlage geschrieben, Ausnahme: Theaterzeitschriften und Feuilleton-Seiten. Auch die Funktion der Theaterkritik könnte man diskutieren. Wie beeinflusst sie das Zuschauerverhalten, die Produktion oder den Erfolg von Theaterstücken und die Theaterwissenschaft? In Bezug auf unser Thema sind die verschiedenen Schreibformen/Genre der Kritik (Verriss, Lobeshymne) oder die zeitbestimmte Wortwahl von Interesse. Es wäre zudem nach den Voraussetzungen dieses Schreibens zu fragen. Welche Ausbildung haben die Autoren hinter sich? Welchen wirtschaftlichen Zwängen sind sie ausgesetzt? Wie unterscheidet sich die Theaterkritik von anderen Zeitungs- und Zeitschriftenbeiträgen? Haben die besonderen Bedingungen des Schreibens – abends ins Theater, danach schreiben und morgens steht es schon in der Zeitung oder die Tatsache, dass oft nur Premieren besucht werden - Einfluss auf das Schreiben?

Von der Theaterkritik unterscheidet sich die **Theaterwissenschaft** durch ihren Anspruch, grundsätzlich zu werden. Sie ist nicht daran gebunden, nur aktuelle Inszenierungen zu beschreiben. Sie kann längere und komplexere Analysen verfassen und Aspekte der Inszenierung betrachten, die über bloße Informationsvermittlung – wer, was, wann, wo, wie – hinausgehen. Der Theaterkritik ähnlich ist Schreiben eine wesentliche Voraussetzung des Berufs. Bei der Analyse von Aufführungen des Gegenwartstheaters, egal ob live erlebt oder als AV-Mitschnitt nacherlebt, sind Notizen ein wichtiges, gedächtnisstützendes und wahrnehmungsformendes Mittel. Derjenige, der sich Notizen macht, ist mit einer Reihe von Problemen konfrontiert, von denen Erika Fischer-Lichte einige anführt.[38]

Erstens vermittle die Aufführung eine Vielzahl von Sinneswahrnehmungen, die in ihrer Gesamtheit kaum rezipiert werden könnten. Die hier greifenden Selektionsmechanismen zu erforschen, wäre wahrscheinlich eher eine Aufgabe für die Psychologie oder die Kognitionswissenschaften. Deren Ergebnisse sollte die Theaterwissenschaft durchaus zur Kenntnis nehmen und entsprechende Konsequenzen ziehen.

---

37 Adamski, Heike: *Diener, Schulmeister und Visionäre: Studien zur Berliner Theaterkritik der Weimarer Republik*. Frankfurt/Main 2004.

38 Fischer-Lichte, Erika: *Ästhetische Erfahrung: das Semiotische und das Performative*. Tübingen, Basel 2001, S. 233 f.

Zweitens werde das, was wahrgenommen wird, mit Bedeutung aufgeladen. Zum Beispiel: Jemand geht zur Tür, eine scheinbar neutrale Vorgangsbeschreibung. Alle Aussagen dieses Satzes sind im Theater zu hinterfragen. Ist es wirklich Jemand, ein Mensch, ein Mann? Geht er, läuft, rennt oder schleicht er vielmehr? Bewegt er sich zur Tür oder durch sie hindurch, über sie hinweg etc.? Schließlich: die Tür, ist der Alltagsgegenstand, ein Festungstor oder eine mystische Schwelle gemeint?

Drittens würden Notizen im Nachhinein ausgewertet. Informationstechnologisch betrachtet handelt es sich um fragmentarisch komprimierte Daten, die an anderer Stelle, in einem anderen System wieder entpackt werden. Dabei entstehen Verluste. Das Gedächtnis erinnert sich mit oder ohne Notizen unvollständig, je nach Situation anders oder erfindet Details hinzu.

Bei allen drei Problemen stellt sich die Frage, ob nicht ein Notationssystem zu besseren und zuverlässigeren Ergebnissen führen könnte. Zwar gibt es bereits Vorschläge, wie Theater zu notieren sei, aber kein System habe sich, so Erika Fischer-Lichte, bisher in der Theaterwissenschaft durchsetzen können.[39] Das Aufschreiben von Beobachtungen wird zum großen Teil von dem geprägt, was die Studenten und späteren Wissenschaftler an Fähigkeiten und Fertigkeiten mit sich bringen. Selbst wenn es gegen ein normiertes und standardisiertes System berechtigte Einwände gibt, könnte doch bspw. die ethnologische Methode der Feldforschung als Vorbild genommen werden. An dieser Methode, ihrer Reflexion und ihrer Geschichte, könnte studiert werden, wie eine schriftbasierte Wahrnehmungstechnik für die Theaterwissenschaft zu entwickeln, zu lehren und zu gebrauchen sei.

Grundsätzlich ist sich bewusst zu machen, dass alle Erkenntnis über Theater schriftlich festgehalten und kommuniziert wird. Der Beruf „Wissenschaftler" lebt vom Schreiben und definiert sich darüber. **Zum einen** ist er oder sie mehr denn je in der Pflicht, Aufsätze und Bücher zu veröffentlichen – „publish or perish". Durch diese Tätigkeit macht er auf die Ergebnisse seiner Arbeit aufmerksam und erwirbt sich Anerkennung. Andere Verfahren stehen kaum zur Wahl. Wenn man auf einem Kongress statt eines ausformulierten Vortrages eine Performance zeigen würde, könnte höchstens ein Achtungserfolg erzielt werden. Eher noch gerät man in Gefahr, sich lächerlich zu machen. **Zum anderen** ist Schreiben in einem umfassenderen Sinne Voraussetzung für die wissenschaftliche Karriere. Sie prägt die Auseinandersetzungen in der akademischen Verwaltung oder ist mitentscheidend bei der Vergabe von Fördergeldern. Sie steht in Konkurrenz zu mündlichen Präsentationsformen, die oft nur marginale Bedeutung haben. Ein schlechter Vortrag wird schneller vergessen und vergeben als ein schlecht geschriebener Text.

Im Vergleich mit anderen Wissenschaften und Kulturen wäre die Bedeutung und Rolle des Schreibens zu hinterfragen. Mir scheint die Tatsache interessant, dass Einzelne für ihre Schreibfähigkeit gelobt werden, diese aber oft ein Ergebnis von intersubjektiven Schreib- und Diskussionsprozessen ist. Keine wissenschaftliche Arbeit kommt ohne Danksagung an die Mitarbeit von Freunden und Verwandten aus. Es wäre zu überlegen, warum sich diese Fiktion, des Allein-Schreibens so hartnäckig hält und ob nicht, im Sinne der Wissenschaft, intersubjektive Schreibprozesse offen gelegt und gefördert werden sollten.[40]

---

39 Fischer-Lichte, Erika: *Semiotik des Theaters: Band 3.* Tübingen 1983, S. 114 ff.

40 Auch dieser Text ist ein Ergebnis der Korrekturvorschläge von René Damm und der Anregungen von Sven Grampp und Barbara Büscher.

Zusammenfassung

Meine Tour über die Forschungsfelder möchte ich damit beenden, dass ich die verschiedenen Standpunkte, welche sich in der Theaterwissenschaft gegenüber dem „Schreiben" als Kulturtechnik ergeben könnten, zusammenfasse. Diese Positionen werden sich empirisch so genau nicht nachweisen lassen. Sie repräsentieren eher den Forschungsstand bzw. den Stand der Auseinandersetzung mit dieser Perspektive/Fragestellung in der Theaterwissenschaft aus meiner Sicht.

Erstens lässt sich eine Ablehnung gegenüber dem Schreiben und vor allem dem Begriff „Schrift" feststellen. Christian Kiening hat vor einiger Zeit für das Mittelalter die These aufgestellt, dass der Konflikt zwischen Mündlichkeit und Schriftlichkeit in dieser geschichtlichen Periode zwischen Körper und Schrift verlaufe.[41] Analog wird in der Theaterwissenschaft zum Teil Theater der Schrift und dem Schreiben diametral entgegen gesetzt. Fragen nach der Bedeutung von Schrift in den verschiedenen Theaterformen werden ausgegrenzt und ihre Beantwortung den Philologien überlassen. Für diese ist Theater dann oft nur eine Literaturgattung. Die Bedingungen und Voraussetzungen einer Aufführung werden vernachlässigt, so dass auch von dieser Seite keine ausgewogene Betrachtung des Verhältnisses von Theater und Schrift/Schreiben zu erwarten ist.

Zweitens ist in bestimmten Bereichen eine Beschäftigung mit dieser Forschungsperspektive erfolgt. Die Abhängigkeit der Aufführungsanalyse vom Gedächtnis und der Fähigkeit, Notizen zu machen, ist bekannt. Vorschläge zur Verwissenschaftlichung liegen ebenfalls im ausreichenden Maße vor. Dieser Wissensbestand ist aber noch kein selbstverständlicher Bestandteil der Lehre oder des fachinternen Diskurses. Gegenüber Notationssystemen ist bei vielen Theaterwissenschaftlern eine instinktive Abneigung feststellbar. Bereits die Tatsache, dass ein solches System auch nicht alle Probleme lösen kann und nur einige Aspekte der Aufführung erfasst, scheint grundsätzlich die Möglichkeit der Anwendung zu verhindern. Es sollte jedoch versucht werden. Das was heute geschrieben wird, ist das Quellenmaterial von morgen. In dieser Hinsicht ist das Bewusstsein dafür zu stärken, wie Theater beschrieben wird, in Dokumenten und bei der Verwaltung/Beschreibung derselben. Als weiteres Beispiel für diese Position ließe sich das Regiebuch anführen. Die individuellen ‚Handschrift' des Regisseurs ist bereits Thema von Forschungsarbeiten gewesen. Es fehlen jedoch komparatistische Studien, welche den inzwischen erweiterten Schriftbegriff, insbesondere dessen performative Aspekte, instrumentalisieren. Man könnte sagen, dass bisher der Akzent auf Schrift als Fixierung von Sprache gelegen hat und nun deren Variabilität, Kontingenz und Flüchtigkeit nachzuweisen und zu reflektieren ist.

Zum Teil wird das bereits getan, beispielsweise bei der Auseinandersetzung mit Heiner Müllers Schreiben. In dieser Forschungsrichtung besteht, **drittens**, ein starkes Interesse und eine feinfühlige Aufmerksamkeit für das Schreiben. Problematisch scheint mir, dass dabei die Grenzen zwischen „Theater" und „Schrift" verwischen, wenn bspw. explizit von der Theatralität der Schrift Heiner Müllers geschrieben wird. Dann ist das Interesse am Schreiben eigentlich eine Interesse am Theater. Schreiben wird als Inszenieren verstanden und der Autor gilt als Regisseur des Textgeschehens. Man versucht aus dem Geschriebenen eine Theaterkonzeption zu extrahieren, für ein Theater, was es so nie gegeben hat. Das ist selbstverständlich keine zu vernachlässigende Perspektive. In der Theatergeschichte sind viele

---

41 Kiening, Christian: *Zwischen Körper und Schrift: Texte vor dem Zeitalter der Literatur.* Frankfurt/Main 2003, S. 13.

Beispiele für Theatertexte bekannt – Diderots Musterdrama habe ich hier erwähnt –, die geschrieben wurden, um ein neues Theater zu begründen, zu legitimieren oder zu fördern. Weiterhin wären die sogenannten „closet dramas" zu nennen, Texte die nie zur Aufführung gedacht waren, aber Theater als Imaginationsraum benötigen. Dazu würden auch die als unspielbar geltenden Stücke gehören.

Man könnte den besonderen Beitrag der Theaterwissenschaft für die Perspektive eines Schreibens als Kulturtechnik darin sehen, dass sie ein Schreiben analysiert und vorstellt, in das Theater eingegangen ist oder das auf Theater antwortet. Theater als Schwarzes Loch, das den Schreibraum krümmt.

Meiner Ansicht nach sollte jedoch die restlose Identifizierung vermieden werden, um nicht Unterscheidungspotential zu verlieren oder den Fehler zu machen, etwas zu erkennen, was man bereits gewusst hat. Statt bedingungsloser Begeisterung sollte Aufmerksamkeit und Reflexionsvermögen für Schreibprozesse und -verfahren sowie deren Bedingungen und Voraussetzungen die Forschung prägen. Schreiben ist Teil von Theater, der Theatergeschichte und der Theaterwissenschaft, aber dieser Teil gehört zu einer Schnittmenge, die auch andere Bereiche berührt.

Literatur

Adamski, Heike: *Diener, Schulmeister und Visionäre: Studien zur Berliner Theaterkritik der Weimarer Republik.* Frankfurt/Main 2004.

Blumenberg, Hans: „Lebenswelt und Technisierung unter Aspekten der Phänomenologie". In: Ders.: *Wirklichkeiten in denen wir leben.* Stuttgart 1981.

Brecht, Bertolt: *Gesammelte Werke: Schriften zum Theater 2, Band 16.* Frankfurt/Main 1975.

Copeau, Jean. „Die Inszenierung". In: *Texte zur Theorie des Theaters.* Balme, Christopher; Lazarowicz, Klaus (Hg.). Stuttgart 1991.

Erster Kongress der Theaterautoren. Macher, Josef; Storch, Wolfgang (Red.). Berlin 1993.

Fischer-Lichte, Erika: *Ästhetische Erfahrung: das Semiotische und das Performative.* Tübingen, Basel 2001.

Fischer-Lichte, Erika: *Semiotik des Theaters: Band 3.* Tübingen 1983.

Girshausen, Theo: „Zur Geschichte des Fachs". In: *Theaterwissenschaft heute: Eine Einführung.* Möhrmann, Renate (Hg.). Berlin 1990.

Goody, Jack; Watt, Ian: „Konsequenzen der Literalität". In: Goody, Jack; Watt, Ian; Gough, Kathleen (Hg.): *Entstehung und Folgen der Schriftkultur.* Herborth, Friedhelm (Übers.). Frankfurt/Main 1986.

Grube, Gernot; Kogge, Werner: „Was ist Schrift?". In: *Schrift: Kulturtechnik zwischen Augen, Hand und Maschine.* München 2005.

Kerckhove, Derrick de: *Schriftgeburten: vom Alphabet zum Computer.* München 1995.

Kiening, Christian: *Zwischen Körper und Schrift: Texte vor dem Zeitalter der Literatur.* Frankfurt/Main 2003.

Passow, Wilfried: *Max Reinhardts Regiebuch zu Faust 1.* München 1971.

Pavis, Patrice: „Der Metatext der Inszenierung". In: *Texte zur Theorie des Theaters.* Balme, Christopher; Lazarowicz, Klaus (Hg.). Stuttgart 1991.

Peters, Susanne: *Briefe im Theater: Erscheinungsformen und Funktionswandel schriftlicher Kommunikation im englischen Drama der Shakespeare-Zeit bis zur Gegenwart.* Heidelberg 2003.

Siegert, Bernhard: *Was sind Kulturtechniken?.* Ursprünglich veröffentlicht:
   URL: http://www.uni-weimar.de/medien/kulturtechniken/kultek.html

Das Theater des Herrn Diderot. Lessing, Gotthold Ephraim (Hg./Übers.). Leipzig 1981.

Theatrographie: Heiner Müllers Theater der Schrift. Heeg, Günther; Girshausen, Theo (Hg.). Berlin 2009.

Tietz, Manfred: „Subliterarische Formen im spanischen Theater von Ramon del Valle-Inclán, Frederico Garciá Lorca und bei den Novísimos". In: *Unconventional Conventions in Theatre Texts.* Ahrends, Gunter; Diller, Hans-Jürgen (Hg.). Tübingen 1990, S. 139–160.